AF389880

Jean LORRAIN

Collection
« La Voie Merveilleuse »

LA DAME TURQUE

La Dame Turque

2800-98. — CORBEIL, Imprimerie Éd. CRÉTÉ.

Collection
« La Voie Merveilleuse »

Jean LORRAIN

LA DAME TURQUE

ILLUSTRÉ PAR LA PHOTOGRAPHIE

D'APRÈS NATURE

Paris

Librairie NILSSON. — PER LAMM, Succr

338, rue St-Honoré

A BORD DE L' « ASIA »

Elle fut le charme et comme le parfum de tout
ce long voyage, elle en fut l'énigme, elle en est
restée la mélancolie et en demeurera le précieux
souvenir, la mystérieuse dame turque d'à bord

de l'*Asia*...! l'*Asia*, le bateau qui nous transporta
de Tripoli à Malte.

L'*Asia!* Que de brèves et multiples images
pour moi dans ce seul nom!

Je me vois encore accoudé aux bastingages,
par ce radieux dimanche de janvier, le plus beau
peut-être de notre voyage, et cela en rade de cette
Tripoli de Barbarie, où quatre rapides journées
nous donnèrent tant de sensations fortes, nous
ont laissé tant de persistants souvenirs.

Embarqués à deux heures pour lever l'ancre à
trois, il était cinq heures passées que nous étions
encore mouillés dans le golfe... et, fantasmagorie des départs, Tripoli pour nos adieux s'était
faite belle.

Lumineuse et blanche au ras des flots, elle
était devenue la cité de mirage, la ville turque
que nous avions rêvé trouver en quittant la
France et dontla première impression nous avait
si cruellement déçus au premier jour...

C'étaient ses huit minarets verts, ses dômes et
ses koubas profilés avec une netteté de décou-

pures dans la transparence azurée du ciel, la masse hautaine du palais du pacha qui la flanque au Nord et, après le môle aux quartiers de roche

et d'écume ruisselante, les derniers murs d'enceinte et leurs silhouettes ruineuses; les felouques des pêcheurs d'éponges, tassées le long du quai, à l'ombre des remparts... : Et tous ces détails et toutes ces nuances, toutes ces formes comme immobilisées, figées dans une atmosphère où scintillaient le bleu de la mer et le halo d'or des sables.

Tripoli des vagues, Tripoli des palmes; décor grandiose et calme où s'identifiaient pour moi tant de minutes exquises, d'une saveur si spéciale et par le cadre et la lumière, je dirai plus, par l'odeur même du pays...

Dans un détail une heure est toute!

et ces détails de minutes vécues dans l'étrange et l'exotique Tripoli, le panorama de la ville, aperçue déjà lointaine au fond de la grande Syrte, les rassemblait tous et nous les faisait revivre, mais déjà nostalgiques et irréparables, hélas !

Comme autant de délicieuses mortes un instant ressuscitées, les heures de soleil et de torpeur heureuse passées dans l'oasis semblaient nous appeler et nous sourire de loin. Dressées au ras des vieilles murailles de l'empereur Charles-Quint, elles défilaient en images rapides, déjà inanes et frappées

de trépas, mais d'une précision presque doulou-
reuse et que nous aurions tant voulu retenir... : et
c'était notre déjeuner de l'avant-veille au bord
même du Sahel, dans la villa du pacha défunt,
nos provisions étalées sur la balustrade en
mosaïque de la terrasse, les pâles ondulations du
désert, vagues d'or rose et d'ocre blême en panorama au dessus des feuillages vernis des citron-
niers, la chute amortie d'heure en heure d'oranges
et de citrons se détachant des branches et le
bruit frais d'une eau coulant on ne savait où,
mais très près...

Oh ! cette villa de l'oasis, son jardin d'orangers
et de grands palmiers souples, sa chaleur et son
silence. Un grand vivier de marbre dormait sur
la terrasse avec, dans ses profondeurs vertes,
des lueurs mouvantes, de lentes transparences,
tout un essaim de cyprins aveugles, autrefois mis
là par les Pères Blancs ; car l'influence de mon-
seigneur Lavigerie avait pénétré jusque dans
cette oasis. L'ordre fondé par lui avait officié là
dans cette chapelle, mais des nomades avaient
massacré les Pères Blancs et, de l'ancien cou-

vent, l'autorité turque avait fait une maison de plaisance.

Quelle mélancolie elle mettait dans notre âme cette tragique et pourtant banale histoire de roumis égorgés par des croyants, et dans quel français cocasse nous était-elle contée par les deux kawas du consul! Nous nous en serions tordus au boulevard! Mais voilà, elle nous était dite à sept cents lieues de Paris, devant les sables du Sahel, sur le théâtre même du meurtre, en plein Rhamadan, au plus fort même du jeûne religieux, rigoureusement observé par tous autour de nous; et nous nous sentions seuls chrétiens dans ce milieu fanatique...

De branche en branche, avec un bruit de feuilles qu'on froisse, oranges et citrons mûrs continuaient de pleuvoir.

Heures inoubliables, nous ne devions pas les retrouver le lendemain dans une autre promenade dans l'Oasis, promenade assez morne sous un ciel couvert, mais marquée au retour d'une si imprévue rencontre. Un soldat turc

en haillons et pieds nus nous apparut soudain,
au milieu de cactus, au revers d'un fossé où

paissait un troupeau de dindons, d'énormes dindons blancs aux plumes ébouriffées, que ce
brave Turc conduisait avec une baguette... Oh!

ce bachi-bouzouck en veste déchirée parmi ces
volatiles, ce gardeur de dindons de l'armée du
sultan ! Tripoli seule réserve de ces surprises :
et c'étaient toutes ces heures turques de Tripoli,
que je m'efforçais de revivre, les deux bras
appuyés aux bastingages, quand Elle apparut
sur le pont.

Elle apparut et ce fut l'incarnation même de
cet Islam que nous allions quitter. Elle apparut, exotique par son costume, énigmatique par
sa beauté, Orientale dans sa démarche lente
comme dans sa grâce souple, Orientale depuis
ses yeux mouillés de kohl jusqu'à ses cheveux
teints de henné.

Comment ne l'avais-je pas remarquée ? Mais,
après tout, c'était un tel va-et-vient d'Arabes et
de Turcs à bord : portefaix arrimant des ballots
et des caisses, officiers venus accompagner un
des leurs en partance pour Constantinople, et
toute l'attention des passagers, y compris la
mienne, accaparée par cinq énormes tortues de
mer, cinq monstrueuses carapaces posées sur le

ÉVIDEMMENT, L'ÉTRANGÈRE AU CAMAIL DE
SOIE ÉTAIT UNE FUMEUSE ÉMÉRITE (P. 25).

dos et battant éperdument l'air de lourdes nageoires, cinq hideuses et pesantes tortues harponnées le matin même par l'équipage de l'*Asia*, et que, toutes saignantes, l'*Asia*, allait emporter avec nous à Malte, où les maîtres d'hôtels anglais les achètent fort cher.

Enveloppée de la tête aux pieds d'une robe et d'une sorte de camail de satin noir, je l'avais d'abord prise pour une Maltaise, car la dame turque avait ôté son voile, et de loin j'avais cru voir une femme en *faldette* (1) ; mais une femme de Malte n'eût point fumé la cigarette, et avec quel charme et quelle indolence de geste la dame turque fumait la sienne !

Évidemment, l'étrangère au camail de soie était une fumeuse émérite ; et les bouts de ses doigts légèrement jaunis, nicotine et henné, révélaient l'Orientale initiée dès l'enfance aux douceurs du kief et du narghilé.

Elle fumait, assise sur un banc des premières, et causait avec un officier du sultan, celui-là

(1) *Faldette* espèce de cape en forme de conque et toujours d'étoffe noire dont s'enveloppent les Maltaises.

même que d'autres officiers avaient conduit à
bord. Il fumait, lui aussi, et, comme je m'étonnais
de cette infraction au jeûne prescrit en Rhamadan, cet homme fumant avant le coucher du soleil et cette femme révélant aux roumis le mystère
de son visage, il m'était répondu que le croyant
était relevé de toute contrainte et de tout jeûne
dès qu'il n'est plus en terre sainte ; et la terre
sainte est la terre turque pour le serviteur d'Allah :
la mer remueuse n'est à personne et le Maho-
métan qui y voyage n'est plus astreint qu'aux cinq
prières du matin, de midi et du soir.

Et, m'étant rapproché du groupe, je bénis ce
relâchement des sévérités du Koran, car la passa-
gère de l'*Asia* révélait à mes yeux roumis le plus
délicieux visage que j'eusse encore rencontré
depuis notre sortie de Marseille.

Menton un peu carré et bouche aux lèvres
fortement découpées, mais bouche sinueuse,
d'une fraîcheur de grenade ouverte sur d'épais
grains d'émail, une bouche turque bien faite
pour le baiser et la morsure, elle offrait, avec
son nez brusque et ses larges prunelles d'un
bleu gris entre de longs cils noirs, elle offrait une

certaine ressemblance avec Marthe Brandès, et
j'en subis l'attirance immédiate.

De l'actrice, l'inconnue avait en effet la délicate
pâleur et les méplats si fins, jusqu'à ses yeux
enfoncés et reculés dans l'ombre, ce masque

tourmenté et un peu douloureux dans la tension et le creusé des traits ; et pour elle, comme pour la pensionnaire du Théâtre-Français, on eût pu évoquer les bustes de cire peinte de l'école florentine.

Comme Brandès, cette femme était de cire avec quelque chose de tragique et de voluptueux dans la physionomie, ce quelque chose de prédestiné à la passion et au malheur, qu'un intuitif de lettres a rendu pour l'actrice dans cette phrase hardie : *un masque de morte amoureuse.*

Pour l'instant, la morte amoureuse souriait. Avec l'abandon du plus provocant des flirts, la dame turque fumait en compagnie de son compatriote.

L'*Asia* filait maintenant d'un mouvement à peine sensible sur une mer unie comme un lac. Tripoli n'était déjà plus à l'horizon qu'une étroite bande d'un gris verdâtre semée, çà et là, de cubes blancs, les villas de l'oasis ; et sur le pont de l'*Asia*, où les cinq tortues capturées groupaient autour d'elles passagers de secondes et de troisièmes, l'étrangère continuait à fumer presque en tête-à-tête avec l'officier, sous l'œil respec-

tueux, mais incompréhensif, des personnes de la
suite : un nègre et deux négresses empaquetées
de soieries et de voiles, dont la plus jeune allai-
tait un enfant.

Par discrétion, je m'étais retiré à l'écart et
m'absorbais maintenant dans l'examen du bagage
de l'étrangère ; un amas de couffes, de nattes
serrées de cordes et de ballots d'étoffes voyantes,
et, parmi ces objets, une somptueuse malle de
cuivre ouvragé, le coffre de Shérazade, une malle
multicolore et historiée, on aurait dit un plafond
de mosquée avec ses découpures et ses applica-
tions de métal, arabesques de cuivre rouge sur
rosaces de cuivre vert et losanges d'un cuivre ar-
genté, comme bleui.

Elle en disait long sur la fortune et l'état de
maison de la dame, cette malle en cuivre moiré,
gaufré et mordoré.

La femme d'un pacha, me chuchotait-on à
l'oreille. Son mari il est exilé. Elle était allée à Tripoli pour obtenir une escorte et la permission
d'aller le retrouver dans les sables, car son mari,
il est dans le désert, à Fézan, tu sais, monsieur,
le village des nègres. Mais le pacha de Tripoli,

lui, n'a pas voulu lui donner l'escorte, et la dame,
elle retourne à Beyrouth par Alexandrie. Nous
allons prendre un bateau à Malte, car je voyage
avec elle, moi, je suis son interprète.

— Et juif? répliquai-je immédiatement mis en
défiance par la servilité de mon interlocuteur.

— On dis pas juif, dis israélite, m'était-il
répondu et la voix de l'homme caressait, semblait demander grâce, dis israélite, toi pas aimer
les youdis, en France on n'aime pas les youdis,
je suis arménien aussi.

— Tu es fou, pourquoi veux-tu que je t'en
veuille, je ne te connais pas, c'est la première fois
que je te vois, ta maîtresse est musulmane, elle.

— Oui et elle est jolie, ma maîtresse, hein! elle
te plaît?

— Elle me plaît plus que toi certainement;
tiens, voici pour ta complaisance. Et, lui glissant
deux francs dans la main : Adieu, il y a longtemps
que tu es à son service?

— Depuis ce matin, elle a payé mon passage à
bord pour que je sois son interprète. Moi, parler
le français, l'anglais un peu et très bien le turc
et l'italien. A ton service, sidi. Moi, être heureux

de faire quelque chose pour toi, moi, aimer toi déjà.

— Vrai! tiens, prends ces cigarettes. Adieu,
à demain

Je tournai sur mes talons, la dame turque avait
disparu. L'*Asia* commençait à rouler, la mer, si

calme en sortant de la grande Syrte, était maintenant inquiète, houleuse ; le bleu de ses vagues
s'était tout à coup foncé et c'était une eau vi-
treuse et lourde que nous fendions maintenant,
à la fois secoués par du tangage et du roulis. Le
pont s'était fait subitement désert.

« Ils ont tous le mal de mer », baragouinait
en italien de Malte un maitre d'hôtel à un
autre.

La femme du pacha devait être, elle aussi, malade dans sa cabine. mais où cela? dans les secondes, sans doute, puisque nous étions seuls,
ma mère et moi, dans les premières.

Cette femme de pacha m'intriguait. Le peu que
j'en savais, maintenant : ce long voyage entrepris
loin du harem pour retrouver un mari adoré.
ou, qui sait? un tyran haï, son échec à Tripoli et
tant d'efforts et de pérégrinations inutiles, la tra-
gédie d'âme et, peut-être, de palais, que portait
avec elle cette veuve d'exilé, tout le mystérieux
de son aventure joint au charme d'une impérieuse beauté, tout cela me surexcitait, m'énervait et m'emplissait d'une obsédante angoisse ;
je songeai à elle toute la nuit.

Toute la nuit, sur la mer démontée et furieuse qui secoua l'*Asia* comme une coquille de noix la dame turque fut la hantise de mon demi-sommeil et de mes demi-rêves. Par deux fois, je me relevai et montai sur le pont balayé de pluie et d'écume, car le ciel s'était crevé en averses ; mais je n'y rencontrai personne que l'officier de quart et le timonier veilleur, tous les passagers de l'*Asia* râlaient ou dormaient dans l'entrepont.

Ce n'est que le lendemain matin que je devais la revoir.

LE LENDEMAIN.

Et c'est, en effet, le lendemain matin que
je la revis et dans quel désarroi, et dans quel
abandon de toute coquetterie! par la large ouver-
ture béante à même le pont, sur la partie du

bâtiment réservée aux troisièmes. Elle gisait là
sur un matelas, pêle-mêle avec les autres passagers, Arabes, Juifs et Maltais, tout habillée,
inerte, la face livide, comme hébétée de souf-
france, la face crucifiée des êtres atteints du mal
de mer.

L'*Asia* continuait de rouler sous une pluie
fine, un crêpe mouvant entre le ciel bas et la
mer grise : des flocons d'écume voletaient, mou-
chetant de blancheurs salées les mâts et les
agrès : et désemparée, les yeux douloureux et
fixes, la dame turque roulait avec le roulis et
tanguait avec le tangage sur son matelas de misère, abandonnée au mouvement du bateau.

Ses deux femmes agenouillées ou plutôt écrou-
lées auprès d'elle, dans des attitudes d'animaux,
l'isolaient un peu du grouillement des Arabes et
des Turcs vautrés dans l'entrepont ; son serviteur
nègre, il est vrai, veillait, accoté dans un coin,
et c'était somme toute une sauvegarde que cette
présence et cette immobilité farouche au milieu
de toutes ces promiscuités ; mais quelle détresse
et quelle pitié que cette jeune femme d'une race
et d'une religion si différentes, jetée par le hasard

... LA DAME TURQUE ROULAIT AVEC LE ROULIS ET TANGUAIT AVEC LE TANGAGE SUR UN MATELAS DE MISÈRE (P. 38).

à bord de ce transport européen et voyageant entre l'Afrique et l'Asie sans autre protection que trois esclaves noirs, encore plus dépaysés qu'elle à bord de ce paquebot, et sans autre garantie que la loyauté équivoque d'un interprète inconnu.

Je la contemplais longuement.

Elle était encore charmante dans son désordre et sa pâleur, charmante malgré la déchéance de la maladie, qui nous rend semblables aux bêtes. La cape de satin noir, dont elle était enveloppée la veille, avait glissé sur ses épaules, et sa jolie tête apparaissait toute au milieu des ondes défaites de ses cheveux. Je vis que son front blanc avait cinq pointes et coiffait comme un diadème l'ovale un peu carré de son visage impérieux... et toute cette tourbe indigène, toute cette racaille de la Méditerranée qui l'entourait! Mais au moins l'officier turc n'était point auprès d'elle, et cela me fut un soulagement. J'aurais souffert de l'y trouver.

A ce moment, elle leva les yeux et rencontra

mes yeux. Elle rougit, et, honteuse de sa chevelure dénouée comme d'une nudité, essaya de ramener sa cape sur ses tempes, mais elle était trop faible et, à demi soulevée sur un coude, elle chuchota quelques mots à l'oreille de ses femmes. D'un bond, les négresses furent debout, et, en un clin d'œil, avec des gestes effarés et des voix grondantes, la malencontreuse cape fut rabattue sur le visage de la dame turque.

Maintenant, elles échafaudaient, à l'aide de cordes et de longues pièces d'étoffes bariolées et voyantes, toute une muraille d'Asie contre mes yeux de roumi. En une minute leur activité fiévreuse eut dressé une tente de cotonnade rouge et jaune, mais une sourde inquiétude les agita encore derrière leur pavillon ; car tous les plis de la tente oscillaient avec des doigts noirs de singesse apparus entre les fentes, et c'était dans leur retraite improvisée toute une rumeur indignée d'invectives en langue turque et d'exclamations coléreuses.

D'UN BOND LES NÉGRESSES
FURENT DEBOUT. . . .

Ma présence les gênait. J'eus une discrétion tardive, j'allai m'accouder à l'avant du bateau et, malgré le tangage plus fort à cet endroit, je m'y absorbai dans la contemplation de Malte : Malte, masse rocheuse déjà entrevue à l'horizon depuis l'aube, et qui, depuis l'aube, semblait aussi lointaine, reculée comme au fond des limbes dans la lividité d'un éternel petit jour.

Oh! cette passe du canal de Malte, la plus mauvaise de toute la Méditerranée! Cette mer remueuse aux lames lourdes et courtes, tout en ressauts et en ressacs contre les roches verticalement coupées, ces roches invisibles dont on sent le voisinage à la soudaine violence du flot; et cette irritante et décevante île de songe qu'est, durant des heures et des heures, Malte aux yeux du voyageur! Malte, qu'on voit de si loin et qu'on est si longtemps à atteindre! Malte avec sa haute ligne de falaises et de montagnes pelées droites comme un mur au-dessus des vagues crêtées d'écume, Malte, le rempart de la chretienté contre le monde oriental, Malte, l'île des Chevaliers.

Île de chimères et de mirages, l'était-elle assez, ce matin de janvier, sous ce ciel blême où ses montagnes apparues semblaient diminuer au lieu de grandir ! Île fugitive, île lointaine, reculant dans la brume à mesure que l'*Asie* avançait, et le défi de ses hautes falaises de pierre, tout à coup surgies dans un jour d'apocalypse comme une citadelle de la mer, et puis soudain rapetissées au ras des vagues marbrées et livides de bave, et puis comme évanouies dans l'infini des siècles.

Puis ce fut La Valette enfin détachée de la masse pierreuse de l'île, La Valette apparue au tournant d'une falaise, telle une immense carrière

avec ses palais, ses maisons, ses églises et ses
rues tout en amphithéâtre : ville, on dirait de
loin, taillée à même la roche sous l'uniforme
teinte ocreuse dont le soleil, ici, revêt les monu-
ments...

Clochers ou minarets, ces hautes tours sculptées, il semble, en vieil ivoire ! Et ces terrasses et ces palais escaladant le ciel ou dégrin-
golant dans la mer, entassés les uns contre les
autres, tels les mille degrés d'un immense escalier, le tassement de tombeaux d'un monumental
cimetière ou les pierres de taille d'un chantier
de géants ?

Cimetière ou chantier, nécropole ou carrière,
c'est sous ce double aspect que s'impose, pierreuse sur une île de pierre, La Valette, toute
entière bâtie en pierre de Malte, sur le sol même
qui a fourni tous les matériaux.

On songe aussi à quelque vaste lazaret, un
lazaret pour les lépreux de tout l'univers, devant
les silhouettes ruineuses, tant elles semblent
fauves et dorées, de cette ville sans arbres, sans
herbes, sans verdure et si lointaine, si isolée
dans son immense ceinture de vagues, si battue

par les flots et si jaune de soleil!... car Malte est
jaune, jaune comme de l'or même sous les ciels
gris, les ciels gros d'ondées et les ciels de plomb
des jours de tempête.

A travers la brume et l'écume des mers glau-
ques, à l'embrun de la Méditerranée devenue
pareille à l'Océan, Malte reste d'or, Malte
reste éclairée de toute la divine lumière de
l'Afrique.

Sa pierre couleur d'ivoire semble garder la
réverbération du soleil, et cette transparence
jaune, qui baigne aussi hiver comme été certains
quartiers de Marseille, ce halo de clarté fauve
qui étonne et inquiète l'homme du Nord comme
un reflet de peste, fait la gloire de Malte et l'orgueil du Maltais qui pour son ile a trouvé ce
dicton célèbre :

*Napoli bella, Roma santa, Malta piccola, fior
del mundi?*

Naples est belle, Rome est sainte, Malte petite
est la fleur du monde.

... MAIS SUR UN MOT DE L'INTERPRÈTE ...
VOICI QU'IL DÉTACHE SON HAÏCK. P. 55.

J'ai parlé de nécropole, j'ai écrit le mot de carrière.

Mirage et fantasmagorie, j'ai rêvé. La Valette est une forteresse et la Méditerranée est une mer anglaise, car les Anglais possèdent Malte et Gibraltar.

Nous sommes dans le grand canal et nous avons déjà passé sous les canons braqués de cinq forts : le fort Saint-Elme, à la pointe même de la ville ; le fort Ricasoli, de l'autre côté du canal ; le fort Saint-Ange, à la pointe de Vittoriosa ; le fort Isola, à la pointe de Senglea, et tous les ouvrages avancés de Coradino, qui défendent la prison militaire. Cinq forts ! et je fais grâce des pièces d'artillerie de *Lascaris-Barracks* et de toutes les casernes étagées le long des remparts. Dans le port, vis-à-vis la marine, entre Senglea et la ville, ce sont les cuirassés de la flotte.

Par ordre militaire nous sommes mouillés dans le bassin des Étrangers, à une heure de La

Valette, tout au fond du grand canal, sous les canons de Coradino ; et depuis le fort Saint-Elme et le fort Ricasoli, qui gardent l'entrée de la passe, nous voguons dans un couloir de murailles à droite, bastions à gauche, créneaux partout, formidables et gigantesques travaux qui sont à notre droite le mur d'enceinte de la ville. A notre gauche les murs de quai de Vittoriosa et de Senglea, ses faubourgs.

Oh ! le port de Malte, cette lagune fortifiée, avec, le long de la Marine, sa flottille de barques montées par des matelots à têtes de pirates, faces larges et basanées, cheveux drus et frisés du noir de leurs prunelles, et l'agilité, la fièvre de mouvement et de vie de tout ce peuple de la Marine aux reins râblés et aux jambes nues, race presque sarrazine sans la franchise et la gaieté du sourire... Ces bateliers de Malte ! leur apparition a été comme une éclaircie dans cette morne matinée pluvieuse. Nous avons passé au milieu d'eux sans stopper, et nous voici à l'ancre parmi la tristesse des hangars et des docks du bassin des Étrangers, attendant le bon plaisir des autorités anglaises et la visite de la Santé à bord.

C'est ainsi. Il y a eu des cas de fièvre typhoïde

à Tunis et à Tripoli en décembre et nous avons beau être le 31 janvier, nous devons passer à la visite. L'*Asia*, son équipage et ses passagers sont suspects, nous ne pouvons descendre à

terre sans avoir montré notre langue et fait
tâter notre pouls aux médecins.

Nous sommes là, assis sur nos malles, déjà
pris d'assauts et obsédés par tous les courriers
d'hôtel; autour de l'*Asia* une nuée de bateliers,
accourus à force de rames, nous hèlent et nous
interpellent, debout sur leurs barques, et nous
attendons toujours le canot de la Santé, et la
Santé ne vient pas. — Et, elle, la dame turque,
où est-elle? plus malade, qu'on ne l'ait pas encore vue.

Tous les passagers sont là.

Enfin, l'embarcation de la Santé est signalée,
elle aborde; les médecins montent l'escalier, un
scribe les accompagne, ils sont trois, le com-
mandant leur remet la liste et le journal du bord,
une table est apportée, le comité s'y installe et
c'est l'appel des noms. Seuls d'Européens, nous
avons les honneurs : « Français, oui, monsieur
le docteur, Français...! »

Ces Anglais! ça les étonne de voir des Français
à Malte. « Où descendez-vous? » et ils inscrivent

le nom de notre hôtel, car ils viendront nous
visiter à domicile à quatre heures, puis les autres
passagers défilent, des Juifs, des Arabes, des
matelots italiens, des Levantins, des Maltais
retour de Tripoli, et, enfin, la voici. Elle a mis
son haïck de soie et, aujourd'hui, on ne lui voit
que les yeux, ses longs yeux aux lourdes paupières turques où la fatigue a posé son bistre.
L'eau de ses prunelles est ce matin d'un bleu
trouble ; elle s'appuie pour marcher sur le bras
de l'officier turc, et j'ai la sensation d'un pince-
ment au cœur. Ses serviteurs la suivent et l'interprète arménien prend la parole :

*Shiamé Esmirli, femme d'Essad-Bey, vingt-
deux ans, à Haggi, près Beyrouth, Turquie
d'Asie, elle et ses serviteurs.* Et l'interprète égrène
tout un chapelet de noms turcs, puis décline le
sien : *Bascia Cahuaji, né à Alexandrie, parents
arméniens.*

Shiamé Esmirli, le joli nom, sonore et doux
comme un tintement de perles, et quelle caresse

dans ce Shiamé prononcé en ouvrant les lèvres comme pour un baiser ! Mais sur un mot de son interprète, la voici qui détache son haïck et tend sa main à l'un des médecins, tandis que l'autre examine sa langue.

Comme elle est pâle et languissante aujourd'hui, la mystérieuse dame turque de l'*Asia* ! bien plus mystérieuse encore, maintenant que je sais son nom : *Shiamé Esmirli*.

Mais où descend-elle ? Je suis si troublé que je n'ai même pas entendu : « Hôtel de Constantinople », me souffle dans l'oreille l'Arménien Bascia Cahuagi, et il tend en même temps sa main au pourboire.

Cet Arménien ! je le battrais, mais des portefaix se sont emparés de nos malles, je dois défendre notre bagage contre les courriers des hôtels. Où est la dame turque ? Une barque l'emporte assise côte à côte avec l'officier du sultan ; ses trois moricauds, empaquetés de burnous, se tiennent accroupis à l'arrière, le Cahuaji est dans une autre embarcation avec ses bagages.

Hôtel de Constantinople, où est-ce ? Dans quelle Strada de La Valette, et puis comment

lui parler, quel prétexte, bien qu'il m'ait semblé
la voir sourire quand elle a dû retirer son haïck?

Shiamé Esmirli, je devais pourtant revoir
Shiamé Esmirli!

SHAME ESMIRLI

« Jean, viens donc, une visite. » C'est le matin,
il est dix heures, la pluie tombe à torrent, lavant
les orangers en caisses du patio de l'hotel. Il y

a déjà trois jours que nous sommes à Malte, et depuis trois jours ce ne sont qu'averses et bourrasques : on dirait qu'un cyclone d'eau fait rage sur l'île des Chevaliers. « Jean, une visite. » C'est la voix de ma mère qui m'interpelle de sa chambre... Ces chambres de l'hôtel d'Australie, hautes comme des cathédrales, dallées de marbre comme des palais et pourtant si fourmillantes de puces, malgré leurs murailles revêtues de faïence, que nous devions déménager après la troisième nuit.

Une visite ! le consul, alors ? C'est peu probable, il serait au salon de l'hôtel. J'achève de nouer ma cravate et gagne par la galerie extérieure à colonnettes de pierre, qui fait le tour du patio, la chambre voisine de la mienne ; j'entre et je retiens mal un cri. La visite est toute une députation de nègres et d'Orientaux encapuchonnés de burnous, enturbanés d'éclatantes soieries ; et la visiteuse est Shiamé Esmirli, la dame turque. Oui, la dame turque de l'*Asia*, celle qui fit avec nous la traversée de Tripoli.

Elle s'est levée de sa chaise et, avec une

grâce exquise, fait deux pas à ma rencontre, s'incline, et, les paupières baissées, ses longs cils en ombre sur ses belles joues mates, étrange de silhouette dans sa jupe de satin un peu trop ballonnée et les plis droits de son camail noir, Shiamé Esmirli me salue à la turque..., c'est-à-dire qu'elle porte d'abord sa main droite à son front, puis à son cœur et enfin à ses lèvres, et, baisant longuement le dos de sa main, ne consent à redresser sa taille inclinée qu'avec le geste qui semble envoyer ce baiser vers moi. Ah! ce joli salut turc, d'une mimique si éloquente, où dans la seconde de trois gestes, l'Oriental se donne tout entier (à toi ma tête, à toi mon cœur, à toi mes lèvres).

A moi sa pensée, à moi son cœur, à moi sa bouche, sa bouche surtout dans ce lent baiser prolongé sur le dessus de sa main, cette main qu'elle a lancée ensuite vers moi comme une balle qu'on jette! J'en demeure abasourdi, Shiamé Esmirli, la femme du pacha de Beyrouth, la mystérieuse dame turque de l'*Asia* est chez ma mère; j'avoue que je ne comprends pas... Shiamé Esmirli s'est de nouveau assise et, sou-

NOUS NE POUVONS DESCENDRE A TERRE SANS AVOIR MONTRÉ LA
LANGUE ET FAIT TATER NOTRE POULS AUX MÉDECINS DE ...

riante, elle attend que Bascia Cahuaji explique
pourquoi elle est là.

Bascia Cahuaji, l'interprète juif. J'aurais dû
me douter, en effet, que lui seul avait pu l'ame-

ner, et une impatience me prend déjà devant
l'échine souple et le regard oblique du person-
nage. Je prends en haine ses yeux trop cares-
sants, ses longs yeux de femme amoureuse et la
gesticulation fatigante de ses mains.

Il est là, en effet, le Cahuaji, flanqué des deux
négresses et du moricaud de la suite de Shiamé.
Tous les trois sont figés dans une stupidité pas-
sive, tous les trois ont l'air d'animaux familiers.

Et, tandis que la dame turque se tait et sourit,
la volubilité de Bascia s'évertue à nous faire comprendre, à ma mère et à moi, que Shiamé Esmirli,
très touchée de notre sollicitude, a tenu à nous
remercier de l'intérêt que nous lui portons.

L'intérêt que nous lui portons! Ma mère ne
comprend pas, mais, moi, j'y suis.

En effet, la veille, dans la soirée, en rôdant
dans la Strada Santa-Ursola, j'ai aperçu écrit au-

dessus d'une grande porte, *Hôtel de Constantinople*; je me suis rappelé que la dame turque
avait dû y descendre, et, inquiet de ne l'avoir
pas vue depuis deux jours au bureau de la Santé,
je suis entré et j'ai pris de ses nouvelles auprès
du portier de l'hôtel.

Le bureau de la Santé? Oui, j'oubliais, une
autre corvée à laquelle nous fûmes astreints durant tout notre séjour à Malte.

Tous les matins, de neuf à dix, nous dûmes,
nous, et tous les passagers de l'*Asia,* nous présenter à la visite des médecins et là, Strada
Santa-Lucia, défiler avec tous les matelots levantins ou italiens venus d'Afrique devant les
pince-nez de deux docteurs anglais; tel avait été
l'arrêt du comité de la Salubrité publique.

Nous avions dû nous y conformer. Or, depuis
deux jours, j'avais bien retrouvé, dans l'étroit
bureau empuanti d'odeurs de pharmacie, les
nègres de la dame turque et son juif arménien,
mais Shiamé Esmirli n'avait pas reparu.

Ma curiosité de la veille au soir, mon besoin

irraisonné de m'informer d'elle à son auberge
(une véritable auberge, en effet, que cet hôtel de
Constantinople avec son grouillement de Turcs
et d'Arabes vautrés sur des nattes au travers
des escaliers) mon imprudence, somme toute,
nous valait aujourd'hui la visite de remercie-
ments de la belle Shiamé... Mais comment ce
ruffian d'Arménien avait-il découvert notre
adresse à nous? Parbleu, il n'avait eu qu'à
ouvrir l'oreille à bord de l'*Asia*, lors de l'inter-
rogatoire des médecins de la Santé.

« Sa maîtresse avait été on ne peut plus sensible à ma démarche ; elle avait pour ma mère
et pour moi la plus grande sympathie ; elle nous
avait remarqués durant la traversée et était
heureuse d'une occasion qui lui permettait d'en-
trer en relations avec nous. Elle était si isolée,
si désemparée dans ce Malte où elle avait encore
deux jours à passer en attendant le départ du
transport pour Alexandrie. Il n'était même pas
encore arrivé ; elle était seule de sa race et de
sa religion dans cette ville anglaise, hormis ses
trois esclaves. L'officier turc, lui, était parti dès
le lendemain pour Constantinople et Shiamé,

souffrante, encore toute brisée par les affres du
mal de mer, avait dû rester couchée pendant
deux jours. Elle se désespérait, la pauvre, dans
cette ville inconnue, sous cette pluie battante,
et c'avait été pour elle une joie quand elle avait
appris que quelqu'un dans Malte s'intéressait à
elle.

Ma démarche l'avait guérie presque, et, toute
reconnaissante, elle avait tenu, dès ce matin
même, à venir présenter ses hommages à ma
mère et à me remercier, moi.

Nous étions Parisiens, sans doute. Ah! Paris!
c'était le rêve de Shiamé Esmirli ; elle et lui,
Bascia, auraient bien voulu y venir. Paris! la
ville où il y a de si belles robes et où les femmes
sont libres. Shiamé et lui étaient prêts à nous y
suivre : elle consentait à ne revoir jamais Beyrouth, et, lui, jamais Alexandrie, si nous voulions les emmener avec nous. Shiamé nous offrait
ses esclaves, ils étaient sa propriété et valaient
cinq mille francs à eux trois : les femmes quinze

cents francs chacune et l'homme deux mille : ils
étaient même à nous, si nous voulions tout de

suite, même au cas où nous n'aurions pas voulu
emmener Shiamé en Europe. Ça l'ennuyait de

les rapatrier en Asie : ça coûtait trop cher le
voyage, et puis ils seraient certainement plus
heureux avec nous qu'avec elle. Pauvres vieux
serviteurs si dévoués à sa personne, on n'aurait
que des mauvais traitements pour eux, là-bas, au
retour. Quels ménagements pouvaient espérer les
esclaves d'une épouse en disgrâce ?...

Car Shiamé était très malheureuse : elle était la
seconde femme du pacha de Beyrouth, mais en
était la plus aimée.

Elle était la plus jeune, mais Shiamé n'avait
pas d'enfant, tandis que la première femme avait
deux fils. Le mari de Shiamé avait soixante ans,
et elle dix-huit, quand il l'avait prise. Si vieux
qu'il fût, tant qu'il avait résidé à Beyrouth,
Shiamé avait vécu tranquille, car l'autre femme
craignait le pacha et n'osait rien contre Shiamé.
Mais depuis qu'il avait déplu à Stamboul et que
le sultan l'avait exilé à Fezan, à la suite des
affaires d'Arménie, l'autre femme avait pris toute
l'autorité dans la maison sans maître : elle était

la mère des enfants, elle, et toute la domesticité obéissait à l'absent dans ses fils.

C'est alors que Shiamé, vraiment trop humiliée, avait entrepris ce voyage. Elle avait obtenu un passeport des autorités turques et avait quasi déserté le harem, emportant son argent et ses bijoux. Ses trois nègres, seuls, l'avaient accompagnée : l'une des deux femmes l'avait élevée, et, sous leur sauvegarde, elle s'était embarquée pour Tripoli. Elle n'avait pas craint la traversée et elle était pourtant malade en mer : mais elle voulait tant revoir son mari ! C'était un des premiers généraux de la Porte ; mais il était libéral, avait longtemps vécu à Paris et, après les massacres d'Arménie, avait signé parmi les premiers la liste de protestation des étudiants turcs, car des Turcs avaient protesté contre les ignominies et les exactions des janissaires.

La destitution d'Essad-Bey avait été la réponse du cabinet ; mais non seulement on l'avait destitué, mais pis, on avait exilé à Fezzan le géné-

ral disgracié. Fezan, c'est là-bas dans les sables, en plein Sahel, à des centaines de lieues de Tripoli. C'est là que Shiamé avait voulu rejoindre son mari; mais on ne peut s'aventurer dans la Tripolitaine sans escorte. La Tripolitaine, c'est peut-être la partie la plus dangereuse de l'Est africain: les Touareg la sillonnent en tous sens, égorgeant les voyageurs et pillant les caravanes; s'y aventurer sans garde suffisante, c'est tomber sûrement entre les mains des nomades, et cette garde, Shiamé Esmirli avait espéré l'obtenir du pacha de Tripoli, un ancien compagnon d'armes et un ami de son mari. Ils avaient fait autrefois campagne ensemble.

Mais, cette nécessaire escorte, Mehri-Ahmet-Bey l'avait refusée à Shiamé, et la jeune femme, triste et découragée, avait dû reprendre le chemin de Beyrouth, autant dire de l'exil, car quel accueil lui était-il réservé à son retour? L'autre femme, la mère des fils d'Essad, la recevrait-elle seulement? Elle avait abandonné la maison conjugale. En somme, elle allait peut-être en trouver les portes closes, les fils du pacha en exil pouvaient répudier au nom de leur père la jeune femme révoltée et errante; elle avait quitté Beyrouth à leur insu et avait fait ainsi acte de rébellion.

Et voilà pourquoi Shiamé Esmirli était triste.

Ah! si elle pouvait intéresser quelqu'un d'influent à son sort, si elle pouvait nous toucher, nous convaincre, nous, par exemple, de sa dignité et de son malheur, comme elle renoncerait facilement à son titre de favorite, à la Turquie et à Beyrouth, et comme elle consentirait à ne reprendre jamais le bateau d'Alexandrie!

Et c'étaient des regards navrés, des sourires de pitié, des bras levés au ciel, des prunelles au plafond et des supplications à mains jointes, toute une mimique expressive, tout une gesticulation passionnée dont Bascia Cahuaji soulignait son récit, tandis que, silencieuse et un peu mélancolique, Shiamé Esmirli continuait de sourire, gênée, je crois de son rôle de belle

ELLE PORTE D'ABORD SA MAIN [illegible]

[illegible] PUIS A SON [illegible]

muette, et de tant de paroles qu'elle ne saisissait pas. J'avais fait monter du café turc (c'est la politesse obligée dans tout l'Islam que la tasse de caoua offerte au visiteur), et Shiamé le buvait lentement, à petites gorgées, ses beaux grands yeux gris appuyés sur les miens, sans se douter des étranges pensées qui bataillaient en moi pour elle.

En effet, qu'y avait-il de vrai dans tout cela? Était-elle la réelle héroïne du récit de l'Arménien, la Shiamé Esmirli transfuge par amour et par amour proscrite, victime errante du devoir conjugal; ou bien cette beauté, périlleuse à ceux qui la regardaient, cette liberté d'allures, ce charme et cette apparente inconscience de l'osé de sa conduite ne décelaient-ils pas plutôt une redoutable aventurière?

Aventurière ou femme de pacha? et, devant ses larges prunelles profondément naïves, ce regard d'enfant si tranquillement posé sur le mien je voulais croire à la véracité du récit de l'interprête, mais quand je venais à fixer l'Arménien, l'équivoque compagnon créait autour de lui une si lourde atmosphère de brocantage et de bassesse que je ne pouvais admettre une femme de général venant relancer les étrangers de passage dans leurs chambres d'hôtel, accompagnée de ce ruffian.

Ce mercanti! il sirotait lentement son café, mais n'avait pas les beaux yeux naïfs de Shiamé Esmirli. Il me surveillait, la prunelle coulée sous ses longues paupières; et ce regard filtré comme une lueur m'énervait, m'emplissait d'un ressentiment sourd. Les trois serviteurs de Shiamé eux, prenaient leur café debout, figés dans des attitudes de statues; dehors, la pluie avait redoublé de violence et crépitait, bruissante, sur les pavés de la galerie extérieure.

Malte sous l'averse, Malte sous la rafale, toute une île sous l'ondée.

La dame turque se levait enfin pour partir; elle nous serrait la main avec effusion et nous priait de vouloir bien lui permettre de revenir;

nous étions les seuls amis qu'elle eût à Malte, traduisait pour nous le Cahuji. Je la reconduisis jusqu'à la porte de l'hôtel. Nous étions sur le seuil. « Viens ce soir au café de la Rotonde, me soufflait l'Arménien dans l'oreille, viens vers neuf heures; viens nous retrouver, sidi. Shiamé Esmirli veut te parler, à toi seul. »

Look in my face, my name
is might have been. I am also
called Too late, Nevermore,
Farewell.

(Dante. Gabriel Rosetti.)

L'OPALE

— Viens ce soir au café de la Rotonde, m'avait
dit l'Arménien à la porte de l'hôtel. Viens vers

neuf heures, viens nous retrouver, sidi, Shiamé Esmirli veut te parler à toi seul.

Et je n'allai pas au rendez-vous. Le même soir, ce fut le transbordement de nos bagages de l'hôtel d'Australie à l'Imperial Hotel, chassés que nous étions des vastes chambres dallées de l'Australie par l'horripilation de deux nuits sans sommeil et les morsures d'invisibles puces. Enervement de notre déménagement et de notre nouvelle installation, je me sentis vers les neuf heures, si mal en point et si maussade que je regagnais ma chambre, plus préoccupé d'inspecter la literie et de préparer une nuit tranquille à grand renfort de poudre insecticide que d'aller retrouver la dame turque. Elle me captivait toujours autant cependant, mais j'étais vraiment trop déprimé ce soir-là. J'étais sans énergie, sans volonté aucune, comme désarmé, la détente sans doute de mon système nerveux trop surmené depuis huit jours par Tripoli et par cette traversée et par la violente impression de Malte ; on a de ces inexplicables soirées de veulerie en voyage, et puis comment s'aventurer dehors! La pluie tombait à seaux maintenant. Il n'y avait que la rue à

traverser, il est vrai, pour trouver Shiamé Esmirli au café ; mais, en toute conscience, ce soir-
là, je ne le pouvais pas. Qu'avait-elle à me dire,
après tout ? Pourquoi cet entretien particulier ?
Encore, si le Cahuaji n'avait pas été là ! Il ne me
disait rien qui vaille, à moi, cet interprète arménien avec l'afféterie de ses mains trop molles et
la câlinerie de ses yeux de fille... Femme de pacha ! quelque histoire inventée à plaisir sans
doute ! Et, couché tout habillé sur mon lit, je
passais la soirée à m'excuser à mes propres yeux,
à donner des prétextes et à mon indolence et à
mon impolitesse, cloué, en somme, dans cette
chambre d'hôtel par une espèce de perversité in-
consciente, qui me fait manquer avec délice cha-
cun de mes rendez-vous.

Maladie de la volonté ou raffinement d'égoïsme,
je n'ai jamais pu accepter ou donner de rendez-
vous sans désirer immédiatement n'y pas aller.
C'est d'abord une sourde révolte contre la personne qui a disposé ainsi de mon temps, puis je
me raisonne, je sens que je dois tenir la parole
donnée, et, jusqu'à la dernière minute, je me dis :
« Tu as promis, tu iras. » Je m'habille, je me

prépare pour sortir, et alors une étrange nonchalance m'envahit, s'empare de moi, tous mes membres deviennent de plomb.

C'est comme un maléfice, un véritable envoûtement ; j'aurais bu un narcotique que je ne serais ni plus veule ni plus lourd : je suis forcé de m'étendre, et l'heure passe pendant que je suis là, sans force, à me dire : « Mais vas-y, on t'attend, tu te conduis comme un mufle », à la fois navré de mon impuissance et délicieusement chatouillé dans le tréfonds de mon être par la pensée qu'au lieu du rendez-vous, l'autre est là qui s'impatiente et se morfond.

Cet inexplicable engourdissement de la volonté, phénomène de la neurasthénie, disent les médecins, effet d'un mystérieux atavisme, prétendent les autres, jamais je n'en ai subi la délétère influence plus que durant les cinq jours, que je passais à Malte, après un mois vécu tant dans la Tunisie qu'en terre tripolitaine, presque sur les confins de l'Orient.

Malte, les étroites rues dallées de La Valette, ces rues en escaliers bordées de hauts palais, comme les rues de Florence, et qui descendent toutes vers la mer, *Strada Santa-Lucia*, *Strada Santa-Ursola*, *Strada Santa-Barbara*, *Strada Reale*, toutes les stradas de la ville des Chevaliers, avec leurs légendaires auberges, *Auberge de Castille*, *Auberge de Provence*, *Auberge d'Auvergne*, *Auberge d'Aragon*, *Auberge d'Autriche* et l'*Auberge de France*, qui fournit le plus de Maîtres à l'Ordre. Quels souvenirs ! Que de gloires et que d'histoires sculptées, là, dans les larges écussons des façades, et tout au long des devises héroïques, se déroulant en banderoles de pierre des balustrades des balcons aux entablements des piliers ! Ville chrétienne, mais ville sarrazine aussi par le type des indigènes, leur fanatisme religieux s'ils sont catholiques comme Castille, ils sont ardents et fatalismes comme l'Islam, et, par le costume même de ses femmes, cette gracieuse et courbe faldette noire, presque sœur du haïck, dont s'y auréolent les visages de femmes, les femmes, toutes pareilles dans les ténèbres luisantes et moirées de cette conque de soie noire à des femmes turques, dont la brise de mer enflerait le voile...

Oh ! l'apparition des Maltaises aux tournants

des étroites et droites rues de La Valette, leurs silhouettes noires, telles des statues de deuil, sur leurs raides escaliers, leur pâleur de cire et leurs paupières de bistre entrevues, comme autant d'objets d'art, dans le recul de leur camail de soie! La Valette, ce décor de comédie de Shakespeare, hanté par des femmes du temps de l'Inquisition! Ces Maltaises, de loin, elles ressemblaient toutes à Shiamé Esmirli, et c'était elle, la mystérieuse dame turque de l'*Asia*, que je croyais croiser à tous les coins de strada, maintenant que j'évitais et fuyais sa rencontre! Oui, moi qui avait tant désiré la connaître, maintenant, oui, je l'évitais et craignais sa rencontre, le cœur étreint d'une légère angoisse à la pensée de la voir tout à coup surgir et m'apparaître à chaque angle de rue, que surplombe et décore, attifée de vieille soie et couronnée de roses sèches, une madone enfermée dans une boite de verre.

Oui, j'en étais arrivé là, à redouter de me trouver avec elle et je me sentais tous les torts. Je m'en voulais de la soupçonner, mais la faute en était à cet obséquieux et louche juif Arménien.

EST-CE DE LA FATIGUE? JE CROIS QU'ELLE INSISTE
EN ME SERRANT LES DOIGTS. P. 97.

N'était-il pas venu me relancer le lendemain à
l'hôtel, et là, forçant la consigne, entré presque
de force dans ma chambre, ne m'avait-il pas dit
avec d'affreux clins d'yeux que j'avais fait beaucoup de peine à sa maîtresse en ne venant pas la
veille, que Shiamé Esmirli m'avait en grande
amitié, qu'elle désirait vivement me voir, mais
n'osait renouveler sa visite. Bref, insistant et
quémandeur, il m'arrachait un autre rendez-vous
pour le soir, au même endroit, car, pour ses serviteurs, Shiamé Esmirli ne pouvait me recevoir
dans son hôtel.

Cette fois, je tenais parole, j'allais au rendez-
vous ; mais, au café, je ne trouvais que Baschia
Cahuaji. L'Arménien était venu seul, sa maîtresse, un peu souffrante, n'avait pu l'accompagner : mais si je voulais le suivre, nous irions la
trouver dans sa chambre ; les scrupules de la
matinée s'étaient évanouis sans doute, puisqu'il
m'offrait maintenant de me conduire à l'hôtel.
La pauvre Shiamé s'ennuyait fort dans ce mauvais caravansérail de Levantins, c'était une
bonne action que d'aller lui rendre visite. « Tiens !
toi n'avoir pas tes bagues aujourd'hui. » Le

temps étant meilleur, nous causions dehors assis
à une petite table, tout en regardant passer les
équipages de maîtres se rendant au Cercle militaire où il y avait grand bal. Les voitures défilaient
et Cahuaji, dans la lueur des lanternes, venait
de remarquer ma main veuve de bagues. Un
oubli : en montant me laver les mains, en sortant
de table, j'avais négligé de les remettre. « Toi,
n'avoir pas tes bagues, toi, les avoir pas perdues
au moins : toi, en avoir pour beaucoup d'argent,
n'est-ce pas ? » Je n'aimais point cette question.
Que lui importait que j'eusse des bijoux sur moi.
Je déclinais son offre d'aller voir Shiamé et il
me sembla qu'il insistait moins ; on eût dit que
mes bagues oubliées l'avaient refroidi ; nous
nous quittions avec une promesse de rendez-
vous pour le lendemain.

Même heure, même endroit : cette fois, la
dame turque est là avec son nègre, les négresses
sont restées à l'hôtel. C'est moi qui suis en
retard. Quand j'arrive, Shiamé se lève et, la main
au front, au cœur et puis sur ses lèvres, me fait
son joli salut. Il me semble que Shiamé a pleuré ;
ses lourdes paupières sont un peu roses malgré

le kohl qui bleuit ses longs cils, Shiamé Esmirli
me semble aussi pâlie, mais, en la regardant
de près, je vois que c'est de la poudre de riz ;
ses lèvres aussi sont touchées de fard et ses
mains sont très parfumées : elle me les tend pour
la première fois. Est-ce de la fatuité ? je crois
qu'elle insiste en me serrant les doigts. Maintenant, nous sommes assis à la même rue grouil-
lante et mouvante, sillonnée de promeneurs et
de soldats ; et tandis que Shiamé, immobile,
découvre en un muet sourire ses dents éclatantes
et courtes, Cahuaji me raconte avec de longs
yeux de caresse combien j'ai bien fait de venir
et combien sa maîtresse est heureuse. — « Toi,
tes bagues aujourd'hui ! » Il a avisé ma main ;
maintenant, il chuchota en turc à l'oreille de
sa maîtresse en lui désignant mes doigts. Shiamé
se penche et admire : elle a pris ma main dans
la sienne.

— Elle trouve tes bagues très belles, la pierre
bleue, surtout, lui plait ; elle dit qu'elle ressemble
à tes yeux ; tu l'appelles, cette pierre ?

— Saphir étoilé.

— Etoilé, c'est joli. Ma maîtresse aussi a des

bagues, mais elle n'en a qu'une ce soir, regarde. »

Et l'officieux Cahuaji me met la main de Shiamé dans la main.

La dame turque porte à l'annulaire une opale, une trouble et laiteuse opale à peine sablée d'or, presque sans reflets, une oblongue et pâle pierre morte veinée de bleu comme un bras de jeune femme, une opale à peine irisée qui tient à la fois du marbre et de l'œil du poisson, une pierre sans valeur en somme, grossièrement sertie dans un large anneau d'argent guilloché à la mode d'Orient, et comme, par politesse, je l'admire. « Elle est à toi, si tu la veux, reprend l'obsédant Cahuaji, s'il te plaît, ma maîtresse te la donne comme elle donne aussi ses serviteurs, n'est-ce pas qu'elle est belle, sa bague ? C'est un cadeau du pacha quand il l'a prise pour femme ; tu ne veux pas de son anneau. Tu as tort, elle serait contente que tu portes sa bague ; elle n'a rien à te refuser. » Cet Arménien, il ne se taira donc pas. La dame turque, elle, sourit de sa belle bouche sinueuse et fardée : « Pourquoi pas changer d'anneaux vous deux ? toi donne le saphir, ma maîtresse donne l'opale.

SITAME ESMIPLI SOURIT TOUJOURS,
IMPASSIBLE ET SILENCIEUSE P. 101.

— Ce saphir m'a été donné. »

Et là-dessus je me lève, je trouve un prétexte, je dois rentrer. « Toi, pas content, moi t'avoir déplu, toi falloir pardonner. » On n'est pas plus indiscret maladroit que ce chien couchant de juif. Shiamé Esmirli sourit toujours, impassible et silencieuse, une lueur humide entre ses lèvres rouges, une autre lueur entre ses paupières veloutées; une odeur d'ambre, de jasmin, de poivre et une autre senteur encore s'émanent d'elle, je la désire et je la haïs. Est-elle complice de ce ruffian ou n'est-elle entre ses mains qu'un jouet inconscient et aveugle, ignore-t-elle ou sait-elle ?

Ma brusquerie me fait maintenant un peu honte, et je demande à la reconduire jusque chez elle. Shiamé prend mon bras : il me semble que dans les ruelles obscures, Shiamé s'y appuie un peu plus qu'il n'est nécessaire; mais cet Arménien m'a mis des ignominies en tête, ce Cahuaji. Il a enfin consenti à se taire, et ce tête-à-tête et ce silence coude à coude avec une belle femme parfumée sont délicieux par ce dédale de stradas solitaires... A l'hôtel de Constantinople, Cahuaji.

qui est l'homme de la situation, m'invite à monter. La dame turque écoute sans comprendre
je l'espère du moins, et je refuse net.

J'aurais pu aussi bien monter, ça ne m'aurait
pas coûté plus. Le lendemain, Cahuaji était chez
moi, il venait prendre congé, ils partaient tous
à midi, mais la dame turque avait un gros
ennui. En l'emmenant, lui, Cahuaji, de Tripoli,
elle avait mal calculé ses dépenses ; son voyage

lui avait coûté plus qu'elle ne croyait, son
retour était payé à elle et à ses serviteurs,
mais elle n'avait pas versé le prix du passage de
lui, Cahuaji, sur le bateau de Malte à Alexandrie,
et elle allait devoir le laisser à La Valette, renon-
cer à l'emmener avec elle parce que, cet argent,
elle ne l'avait pas. Il lui manquait deux cents
francs pour les frais de traversée, et voilà pourquoi, depuis deux jours, elle avait tant de cha-
grin. Elle n'avait personne à qui se confier et
n'avait pas voulu s'en ouvrir à moi, malgré que
lui, Cahuaji, lui eût assuré qu'elle pouvait le
faire, d'ailleurs il n'aurait jamais tenté sa démarche sans mon admiration d'hier. Il a cru remarquer
que l'opale de Shiamé me plaisait, je n'avais pas
voulu l'accepter par discrétion quand elle m'était
offerte, mais je n'avais plus de raison de la refuser
dès que je rendais service à Shiamé en l'acceptant.
L'opale était à moi pour deux cents francs : elle
valait deux fois la somme, au moins, mais, contre
ces dix louis, je pouvais accepter un souvenir de
sa maîtresse et je les tirais tous deux d'un si
grand embarras. Shiamé serait si reconnaissante,
« Et si tu veux, nous ne partirons que demain

matin. Dis un mot, sidi. » Et l'effronté ruffian retire de son mouchoir la bague de la dame turque.

Je suis joué, je pourrais chasser cette espèce, je préfère m'exécuter; il me plait d'espérer que Shiamé Esmirli est étrangère à tout ceci. Dix louis sont assez durs à tirer d'une bourse de voyage. Je ne rentrerai en France que fin avril, et nous sommes au 3 février. Tant pis ! Je donne la somme à Cahuaji : il se jette sur mes mains et les mouille de sa salive. Si je le laissais faire, il me baiserait les pieds.

— Faut-il rester ce soir, sidi ? viendras-tu nous voir au café. Et il attend, pour relever sa souple échine, que je lui montre la porte. — Non, dis à ta maîtresse qu'elle parte à midi; cela vaudra mieux. Je ne veux point la retarder. — Tu viendras lui dire adieu à bord ? — Oui si je peux. Adieu !

Il s'en va et j'ai son opale au doigt, l'opale de Shiamé Esmirli; elle va partir et je ne la reverrai jamais, Shiamé Esmirli, la femme du pacha ou Esmirli l'aventurière ? et je me murmure à voix basse ces vers de Dante Gabriel Rosetti : *Look in my face! my name is might have been, I am also called Too lates Nevermore, Farewell.* Regarde-moi bien, mon nom aurait pu être, je me nomme aussi *Trop tard*, Jamais plus, Adieu.

Je devais pourtant la revoir.

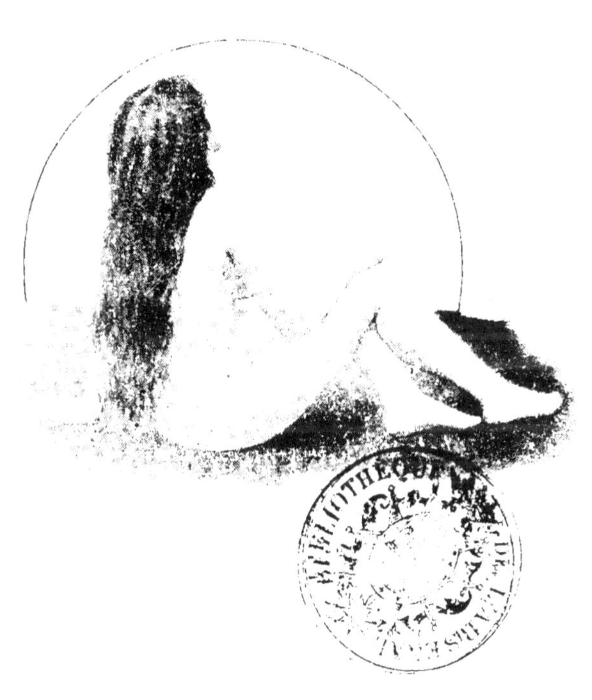

A BORD DE LA « NEVA ».

Je ne le croyais plus cependant et je l'ai revue,
elle n'est pas partie...

Alors cette visite de l'Arménien, sa démarche
de la matinée, l'offre de cette opale et les dix
louis soutirés à ma crédulité, des mensonges et

encore des mensonges! Je suis deux fois joué. Ah! la bonne dupe qu'ils ont trouvée en moi et ce qu'ils doivent se gausser de ma naïveté de roumi, dans leur barbare idiome aux sonorités tour à tour caressantes et métalliques! Aussi, quand Shiamé m'est brusquement apparue au tournant de la terrasse qui domine le port le long de la *Strada Santa-Barbara*, toute baignée d'embrun et de soleil, je me suis encore senti plus de rancune que de stupeur et prestement j'ai tourné les talons pour ne pas la rencontrer.

Et elle devait partir à midi, leur passage était payé à bord du transport d'Alexandrie, et, à quatre heures, elle errait nonchalante et curieuse, à travers les rues en terrasses de la Marine, avec son escorte de nègre et de négresses, appuyée au bras de son louche interprète, telle une princesse orientale au milieu de sa suite, mais une princesse très manégée, par l'habitude des voyages, et dressée par un ruffian à prélever des sommes sur les passants impressionnés par ses beaux yeux.

J'avais encore son opale au doigt; machinale-

ment, je l'en ôtais et la fourrais dans ma poche
de gilet. Elle me brûlait la peau, cette opale,

maintenant que m'apparaissait évidente la petite
machination à laquelle elle avait servi. D'ailleurs,
elle était fort laide et puis ces pierres-là portent

malheur. Je rentrai donc à l'hôtel, jetai la malencontreuse bague au fond d'une valise et passai la
soirée dans les bas quartiers de la ville, dans Flo-
riana, de l'autre côté du champ de manœuvre,
à rôder à travers les bars et les public-house où
les soldats de Sa Gracieuse Majesté emploient les
loisirs de leurs permissions à se griser de gin et à
valser entre eux, la très catholique austérité
de l'archevêque la puissance de Malte après le
gouvernement toutefois, interdisant les jeux
de cartes et les maisons de filles... Dans ce quar-
tier de soldats, abandonné de six heures à minuit
à la brutalité et à l'ivrognerie de la plus ivrogne
des garnisons, là au moins j'étais en sûreté et à
l'abri des tentatives de Shiamé Esmirli, à l'abri
de moi-même surtout, là, certainement je ne
pouvais la rencontrer... Quoi qu'il arrivât, j'étais
décidé à ne pas la revoir. Belle décision qui ne
m'empêchait pas de dire à mon cocher de prendre
par la rue de Santa-Ursola pour rentrer à mon
hôtel. Il était minuit passé, quand ma légère car-
riole à stores de toile s'engageait dans l'étroit
couloir dallé où se trouve l'hôtel de Constantinople, le sordide et grouillant caravansérail

levantin où était descendue Esmirli. Tout y était hermétiquement clos, et la façade, plongée dans l'ombre, y dormait d'un sommeil on eût dit séculaire ; elle était là pourtant et une intime conviction me disait qu'elle m'eût bien accueilli, même à cette heure si j'étais monté... A cette heure, pour combien d'heures était-elle encore dans cette auberge ? Peut-être partait-elle le lendemain, et alors je ne la reverrais jamais, jamais, elle qui était toute ma vie depuis le soir, où elle m'était apparue sur ce pont de l'*Asia*, dans l'ambre et dans l'or rose de ce divin crépuscule.

Pourquoi avait-elle retardé son départ ? Elle avait désiré me revoir, peut-être, et moi qui l'accusais de complicité avec ce chien de juif ! Elle ignorait tout de cet homme, et sa basse nature et sa louche démarche. Comment avais-je pu la soupçonner ! Je l'excusais, mieux, je l'absolvais maintenant, oui je la reverrais et pas plus tard que le lendemain à la première heure, c'était par trop stupide, à la fin, cette bouderie et cette éternelle reculade devant moi-même et mon désir.

Et la journée du lendemain, je la passai à

Cita-Vecchia : Cita-Vecchia la ville morte, l'ancienne capitale de Malte, à une heure de La Valette : Cita-Vecchia, où le pas du visiteur, au milieu de rues bordées de palais clos n'attire pas un seul visage aux seuils, un seul visage aux fenêtres ; Cita-Vecchia, où, en dehors des trois guides qui vous accueillent à la gare, on ne rencontre personne... si, le portier de la cathédrale et son bedeau. C'est dans cette tombe, ce morne abandon, cette poussière des siècles et cette infinie tristesse que, volontairement, je traînais toute une longue journée, à une heure de La Valette, où je savais être Shiamé... Pourquoi ? oh ! sensualité de la douleur, de toutes les sensualités la plus aiguë et la plus perverse. Il est des jours où l'on aime souffrir et faire souffrir les autres, des heures où la joie la plus fine est de se meurtrir soi-même et de se torturer le cœur. Nous ne rentrâmes à La Valette que très tard, pour dîner.

— On est venu vous demander, nous disait-on à l'hôtel. — Qui cela, à quelle heure ? — Le Turc de l'autre matin, vers quatre heures, dans la journée. — La dame turque n'est donc pas partie ? je les croyais embarqués depuis hier,

ELLE ÉTAIT LA POURTANT ET UNE INTIME
CONVICTION ME DISAIT QU'ELLE M'EUT
BIEN ACCUEILLI (P. 113).

me disait ma mère. — Ils auront retardé, ces gens-là n'ont pas de volonté.

Et je coupais court, je me sentais le cœur bouleversé, Bascia Cahuaji était revenu sûrement envoyé par elle ; j'étais à la fois furieux et ravi que Shiamé m'eût relancé.

— La dame turque sort d'ici ; elle est venue me faire ses adieux. Ils partent demain, elle aurait bien voulu te voir; ils sont descendus au port, tu peux les y rencontrer. Tu as le temps avant le déjeuner.

C'est le lendemain, je rentre de l'hôtel de Constantinople, où je n'ai trouvé personne ; je n'ai pu m'y faire comprendre et ne sais rien de Shiamé. Je rendre à l'Impérial, et c'est ma mère qui m'apprend qu'elle est venue. Elle est venue faire ses adieux en mon absence, elle part demain, elle est au port et les heures, qui nous restent, sont comptées.

Je descends quatre à quatre les escaliers de Santa-Lucia et tombe dans la strada Ponente. Sous la porte de la Dogana, dans l'ombre fraîche de ses longs arceaux voûtés, Esmirli m'apparaît,

tel un portrait dans son cadre, et tout l'azur du
ciel et tout le bleu de la mer l'auréolent de clar-
tés. Quelle toile de fond que ce port de Malte
avec ses eaux de lumière, l'éparpillement de ses
barques, la masse haute de ses cuirassés et ce
mouvement, ces allées et venues de commerce,
ces bruits de chaînes, ces lourds camions, qui
nous frôlent presque et les cris, la gesticulation
de tous ces Maltais trapus et basanés. Il est midi,
c'est un décor unique de vie et de gaité : l'air
sent le goudron, la marée et le poivre, et c'est
dans cette allégresse et cette lumière que je la
revois, pâle de sa délicate pâleur de cire, sou-
riante et triste, déjà marquée de l'irréparable
sceau de celles qui vont partir.

Elle vient à moi. Ce ne sont plus les trois sa-
luts cérémonieux de la première entrevue ; spon-
tanément, elle a mis sa main dans la mienne et,
tandis qu'elle me regarde jusque dans l'âme, ses
yeux clairs bien posés dans mes yeux, le Cahuaji
m'explique avec force gestes de ses longues

mains molles que Shiamé est bien heureuse et

que j'ai été bien dur pour elle : qu'elle est restée

pour me revoir, pour moi seul; que ça lui faisait
de la peine de s'en aller sans un adieu de moi;
qu'elle m'a attendu pendant deux jours à son
hôtel et que maintenant elle va pouvoir partir.
Et ce sont des récriminations, des tendres repro-
ches, extraordinaires dans la bouche de Cahuaji,
nuancés, comme ils sont par lui, dans des intona-
tions de caresse, mais que je supporte, parce
qu'ils sont soulignés, cette fois, par les regards
humides et les pressions de main d'Esmirli.

— Nous nous verrons, ce soir, au café de la
Rotonde, à huit heures et demie, comme toujours,
et passerons cette dernière soirée ensemble,
n'est-ce pas. sidi ?

Cette fois, les doigts de Shiamé insistent et son
regard supplie; je promets. — Oui. - Sidi! —
C'est l'Arménien qui revient à la charge; Shiamé
et ses esclaves remontent déjà la strada Ponente,
l'Arménien est revenu me prendre à part, il veut
encore de l'argent, sans doute; non. — Sidi,
aurais-tu ton portrait, une photographie, comme
on dit dans ton pays ? Si portrait de toi, apporte
ce soir au café, Shiamé sera si contente, elle emporter avec elle, elle garder toujours en souvenir

du *roumi* qui fut bon pour elle. Tu apporteras,
sidi? Et il a vraiment des yeux de bon chien dé-
voué en me disant cela, l'équivoque Cahuaji. —
J'apporterai, oui.

Nous sommes au café de la Rotonde, réfugiés
à l'intérieur, car le temps si beau dans la matinée
s'est brusquement gâté vers trois heures : la mer
est démontée et la pluie tombe torrentielle. La
dame turque aura une mauvaise traversée si le
ciel ne se calme, elle si délicate et si facilement
malade, et c'est une tristesse de plus dans la tristesse de nos adieux que la pensée de cette mer
tumultueuse et sombre sur laquelle elle va s'em-
barquer demain. Le petit café est presque désert,
et accoudés sur le marbre blanc des tables, non-
chalants et veules, nous y buvons à petites gorgées des grogs ; je me sens le cœur vague, comme
flottant dans la poitrine, moins étreint que dé-
croché d'angoisse, un cœur à la dérive emporté
dans le vide et l'irréparable, tandis que Shiamé,
pâle et muette, me sourit de sa belle bouche

ciselée et de ses grands yeux gris appuyés sur les
miens, ses yeux

> Pas plus grands que deux yeux quelconques
> Et plus grands que la destinée !

Et ce sont les vers d'Henri Bataille qui me
reviennent en mémoire par lambeaux incomplets,
parcelles par parcelles, tandis que je plonge dé-
sespérément et qu'obstinément je cherche à lire
dans l'eau verte et grise de ses larges prunelles
d'agathe avivées par le kolh des cils :

> Voyons si ce sont bien tes yeux...
> Deux pauvres yeux que j'aimerai !
> O nouveaux venus qui venez
> Vous reposer des routes longues,
> Savez-vous si j'en dois souffrir,
> Saurez-vous si j'en dois mourir ?

Et pourtant son regard sourit, car j'ai apporté
la photographie et c'est moi que ses yeux regar-
dent fixement, obstinément, après avoir longtemps
étudié mon portrait comme si elle voulait s'as-
surer à jamais de la ressemblance ; mais tout à
coup je vois se foncer ses prunelles. Shiamé se

penche sur Cahuaji, lui parle avec animation et
l'interprète, me désignant mes mains : « Tu n'as

pas l'opale au doigt, pourquoi ne portes-tu pas
sa bague puisqu'elle te l'a donnée ? (donnée ?...)
Shiamé est très étonnée, elle ne te plaisait

donc pas? Il ne fallait pas l'accepter, alors. »
En effet, je n'ai pas l'opale, j'ai oublié de la
remettre, je suis sans excuse et naturellement

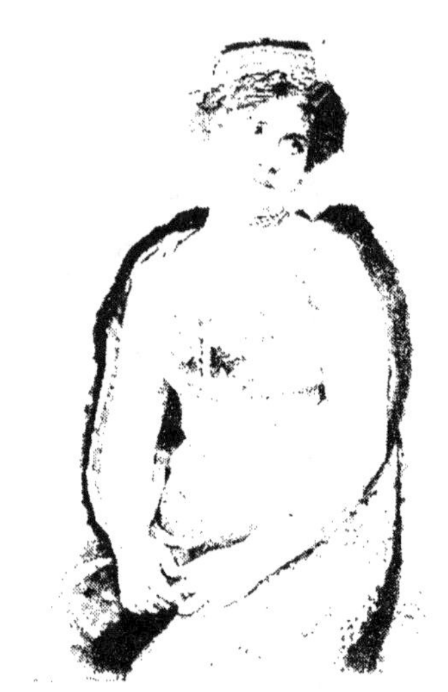

j'en cherche une, et immédiatement je la trouve :
j'explique à Cahuaji qu'en France, l'opale est
une pierre qui porte malheur, que beaucoup
hésitent à s'en parer, qu'on lui attribue une
mauvaise influence, et bien plus pour les parents
et les amis de qui la porte que pour le porteur

TANDIS QUE SHIAMÉ ME SOURIT DE SA
BELLE BOUCHE CISELÉE (P. 121).

lui-même; que c'est de la superstition, mais
qu'en voyage, à l'étranger, surtout sur mer, on
est plus accessible à la crainte : que je ne voyage
pas seul, que j'ai ma mère avec moi, et que,
bref, j'ai mis l'opale en lieu sûr. Voilà pourquoi
je ne l'ai pas au doigt à Malte : une fois rentré
en France, je la porterai.

Cahuaji a répété, mot pour mot, mes paroles
à Shiamé. Celle-ci l'a écouté toute pensive, puis,
brusquement, s'est levée, a dit quelques mots
à Cahuaji, et, maintenant, avec un sourire grave,
elle écoute ce que l'Arménien me dit à son tour :
« *Si l'opale porte malheur en Europe, elle est, en
Asie, le symbole du dévouement : c'est la pierre de
l'abnégation et de l'amour sans même espoir de
retour, c'est le signe de l'esclavage, la pierre
nuptiale entre toutes. Voilà pourquoi Shiamé me
l'avait donnée : elle était si heureuse qu'elle eut
pu me plaire.* » Et la dame turque prend congé,
elle part demain et se sent très lasse. Inutile
que je la reconduise, il pleut trop fort, et puis

elle a son nègre et Cahuaji. J'insiste. Songez, moi qui espérais cette nuit, moi qui comptais presque!... Mais Shiamé a, maintenant, un visage impassible et fermé; sa main, que j'ai pu ressaisir, demeure froide..., inerte. Je sens, ce soir et jamais, l'inutilité de toute tentative auprès de la dame turque, je l'ai profondément blessée dans son orgueil.

— Vous partez, demain, à midi?

— Oui.

— Irrévocablement?

— Oui.

— Et votre navire s'appelle?

— La *Néva*.

— J'irai vous dire adieu à bord. »

Nous revenons de la *Néva*, nous, car ma mère a tenu à dire aussi adieu à la dame turque; la barque que nous avons prise danse, rudement secouée sur les vagues du port. Nous sortons du bassin des Étrangers et, derrière nous, déjà loin, la silhouette noire de Shiamé se dresse à l'avant

SILHOUETTE.... DONT NOUS VERRONS LONGTEMPS
S'AGITER LE MOUCHOIR (P. 130).

de la haute masse qu'est la *Néra*, silhouette dont nous ne distinguons déjà plus le visage, mais dont nous verrons longtemps s'agiter le mouchoir.

Nous avons trouvé la dame turque installée sur le pont des troisièmes, au milieu de ses nègres, de ses ballots d'étoffes voyantes, et l'Arménien toujours auprès d'elle. J'ai revu la malle de cuivre historiée qui m'avait tant intrigué le premier jour, et comme au premier jour, j'ai admiré et tristement désiré les beaux yeux d'aigue-marine au repos et d'agate dans la tendresse, les beaux yeux de brume et de vague si mystérieusement verts et gris : j'ai regretté plus que jamais la bouche épaisse et sinueuse et les dents courtes et blanches comme autant de grains de riz... Oh! le beau profil au nez brusque et la belle figure sensuelle et impérieuse !

Shiamé, visiblement heureuse de notre visite, a demandé à ma mère de l'embrasser; Shiamé

m'a offert elle-même le duvet de sa joue... Nous
reverrons-nous jamais ?... La demi-heure que
nous avons passée auprès d'elle à bord a été
toute d'effusion et de regards éloquents mal
traduits par le sabir de Cahuaji; au départ,
Shiamé, penchée au bastingage, nous a regardés
longuement descendre l'escalier mouvant de la
Néva; une fois dans notre barque, ses yeux ne
nous ont pas quittés et peut-être nous suivent-ils
encore, ses pauvres yeux qui auraient tant voulu
s'attacher. Tout cela, ma mère l'a remarqué
comme moi; mais ce qu'elle n'a pas vu et ne
saura jamais c'est le geste de Shiamé, quand je
lui ai glissé dans la main sa bague à l'opale que
je lui rapportais, l'opale, pierre de malheur dans
l'Europe méfiante, l'opale, pierre de dévouement
dans l'Asie merveilleuse.

Shiamé prenait la bague avec un petit trem-
blement de tout son être, puis avançant la main
au-dessus du bastingage, elle l'ouvrait toute
grande dans le vide et les paupières baissées, un
petit sourire aux lèvres, cette opale que je lui

rapportais, ce dévouement dont je ne voulais
pas et ce malheur qu'elle craignait maintenant
pour ceux qu'elle aimait, Shiamé la rendait au
néant, Shiamé la laissait tomber dans la mer.

CORBEIL. IMPRIMERIE ÉD. CRÉTÉ.

Pour paraître dans la même Collection

Prix broché : **2** fr. **50** — Relié : **4** fr.

❧

GYP

L'ENTREVUE

❧

CATULLE MENDÈS

BÊTES ROSES

❧

PAUL et VICTOR MARGUERITTE

LE POSTE DES NEIGES

❧

PIERRE GUÉDY

L'HEURE BLEUE

❧

CARMEN SYLVA
(REINE DE ROUMANIE)

LE HÊTRE ROUGE

LA RÉFÉRENCE

DES

Portraits Contemporains

*24 Numéros par an
donnant 2400 Portraits-miniatures*

PRIX D'ABONNEMENT ANNUEL : **12** FRANCS

Le but de cette publication est d'indiquer à l'amateur les différentes poses photographiques des célébrités du jour. Chaque portrait porte un numéro d'ordre qu'il suffit d'indiquer au libraire ou au marchand de photographies pour obtenir la photographie originale en format carte album.

Un numéro spécimen est envoyé sur demande accompagnée de 0 fr. 50 en timbres-poste.

(Service de la photographie, 7, rue de Lille.)

www.ingramcontent.com/pod-product-compliance
Lightning Source LLC
LaVergne TN
LVHW020655200726
843508LV00002B/783